Impressum
Verlag: BABADADA GmbH, Nedderfeld 112 , 22529 Hamburg
Geschäftsführer / Verlagsleitung: Harald Hof
Druck: Books on Demand GmbH, In de Tarpen 42, 22848 Norderstedt

Imprint
Publisher: BABADADA GmbH, Nedderfeld 112 , 22529 Hamburg, Germany
Managing Director / Publishing direction: Harald Hof
Print: Books on Demand GmbH, In de Tarpen 42, 22848 Norderstedt, Germany

escuela
Szkoła

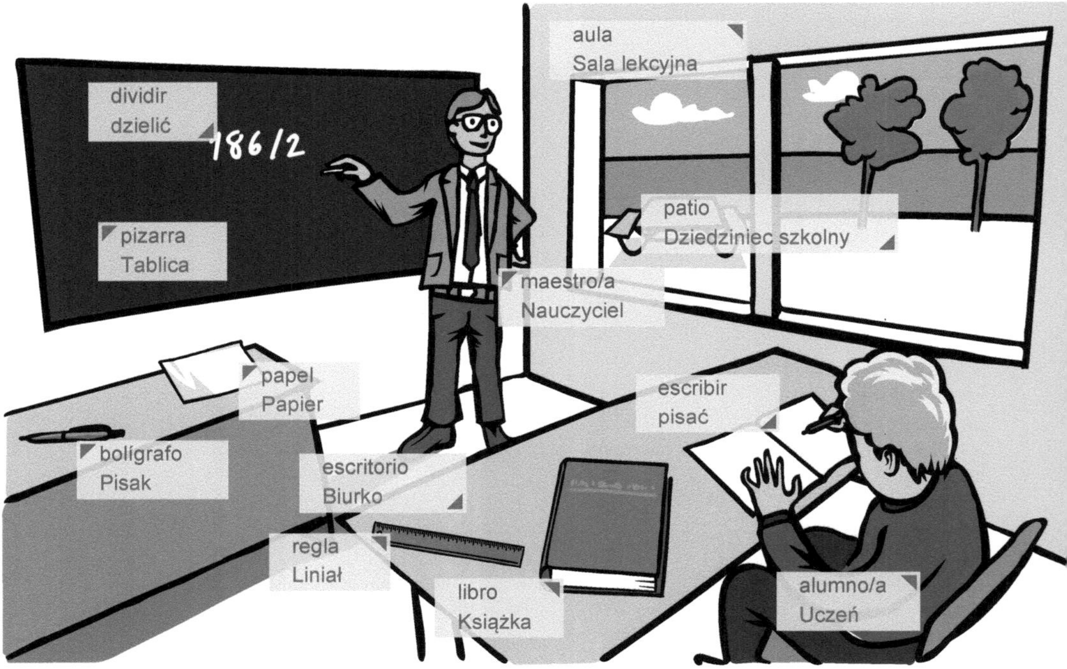
aula
Sala lekcyjna
dividir
dzielić
186/2
pizarra
Tablica
patio
Dziedziniec szkolny
maestro/a
Nauczyciel
papel
Papier
escribir
pisać
bolígrafo
Pisak
escritorio
Biurko
regla
Liniał
libro
Książka
alumno/a
Uczeń

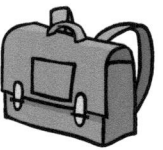

cartera
Plecak szkolny

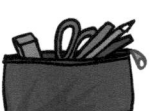

caja de lápices
Piórnik

lápiz
Ołówek

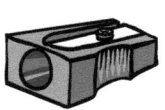

sacapuntas
Temperówka

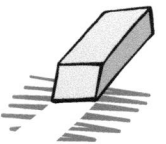

goma de borrar
Gumka do mazania

cuaderno de dibujo
Blok rysunkowy

dibujo

Rysunek

pincel

Pędzel

caja de pinturas

Pudełko z akwarelami

tijeras

Nożyce

pegamento

Klej

cuaderno de ejercicios

Książka do ćwiczenia

deberes

Zadanie domowe

número

Liczba

sumar

dodawać

restar

odejmować

multiplicar

mnożyć

calcular

liczyć

letra

Litera

alfabeto

Alfabet

palabra

Słowo

texto

Tekst

leer

czytać

tiza

Kreda

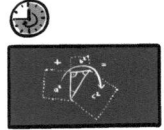

lección

Godzina

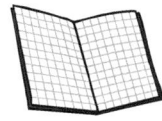

cuaderno de notas

Dziennik lekcyjny

examen

Egzamin

certificado

Świadectwo

uniforme escolar

Mundurek szkolny

educación

Wykształcenie

enciclopedia

Leksykon

universidad

Uniwersytet

microscopio

Mikroskop

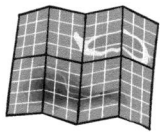

mapa

Mapa

papelera

Kosz na odpadki

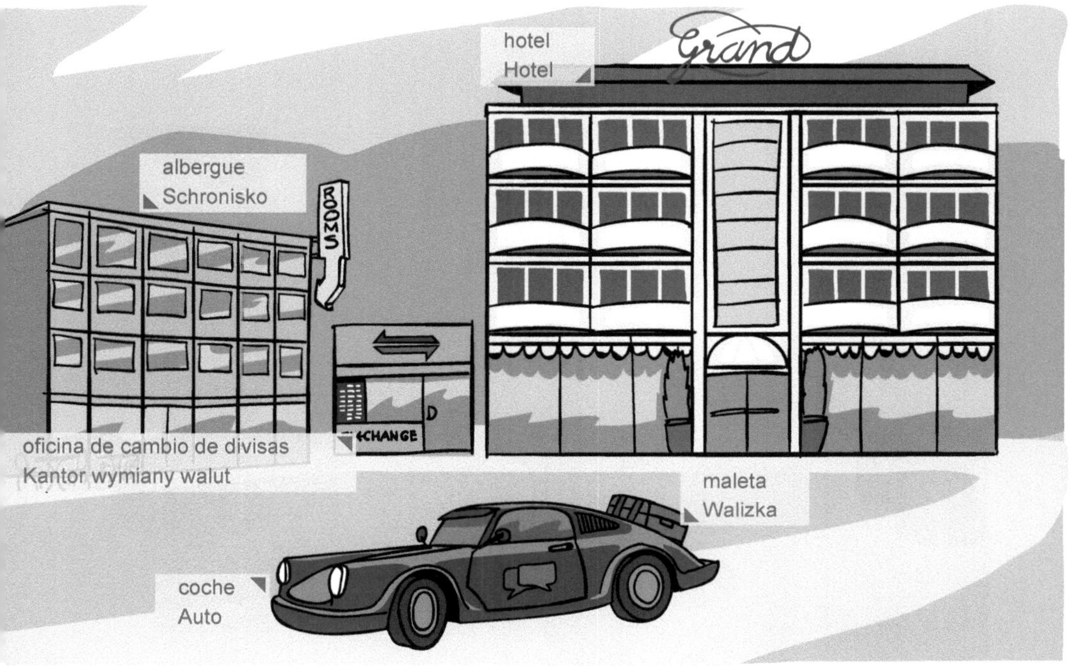

hotel
Hotel
Grand
albergue
Schronisko
ROOMS
EXCHANGE
oficina de cambio de divisas
Kantor wymiany walut
maleta
Walizka
coche
Auto

idioma

Język

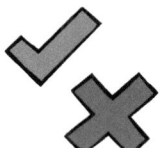

sí / no

tak / nie

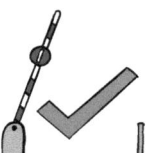

Vale

OK

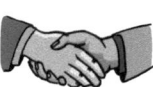

hola

Halo

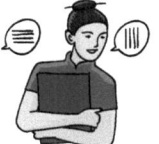

traductor

Tłumacz

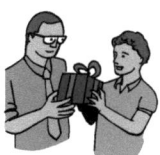

Gracias

Dziękuję

¿cuánto es...?

Ile kosztuje ...?

No entiendo

Nie rozumiem

problema

Problem

¡Buenas tardes!

Dobry wieczór!

¡Buenos días!

Dzień dobry!

¡Buenas noches!

Dobranoc!

adiós

Do widzenia

dirección

Kierunek

equipaje

Bagaż

bolsa

Torba

mochila

Plecak

invitado

Gość

habitación

Pokój

saco de dormir

Śpiwór

tienda de campaña

Namiot

información turística

Informacja turystyczna

playa

Plaża

tarjeta de crédito

Karta kredytowa

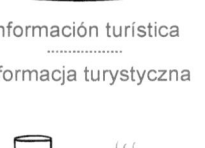

desayuno

Śniadanie

almuerzo

Obiad

cena

Kolacja

billete

Bilet

ascensor

Winda

sello

Znaczek na list

frontera

Granica

aduana

Cło

embajada

Ambasada

visa

Wiza

pasaporte

Paszport

transporte
Transport

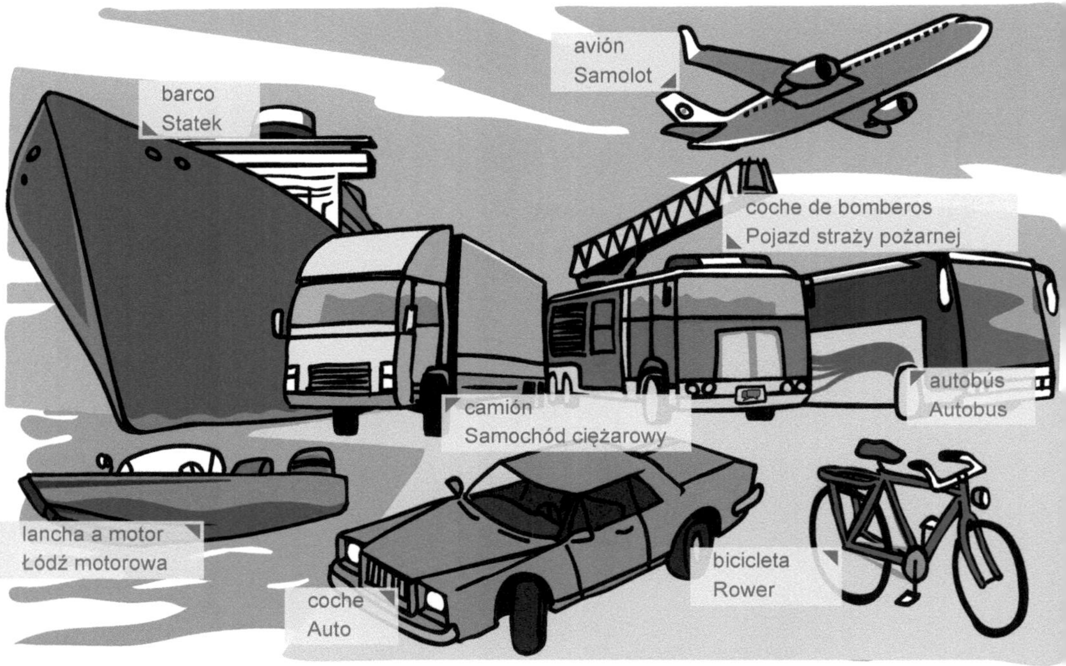

avión
Samolot
barco
Statek
coche de bomberos
Pojazd straży pożarnej
autobús
Autobus
camión
Samochód ciężarowy
lancha a motor
Łódź motorowa
bicicleta
Rower
coche
Auto

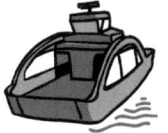

transbordador

Prom

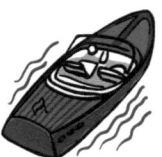

barca

Łódź

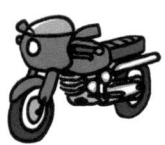

moto

Motocykl

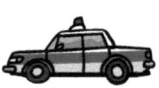

coche de policía

Radiowóz policyjny

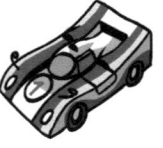

coche de carreras

Samochód wyścigowy

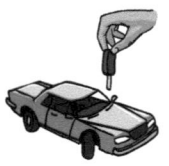

coche de alquiler

Samochód wypożyczony

préstamo de vehículos

Wspólne przejazdy
samochodem

grúa

Samochód pomocy
drogowej

camión de la basura

Śmieciarka

motor

Silnik

gasolina

Benzyna

gasolinera

Stacja benzynowa

señal de tráfico

Znak drogowy

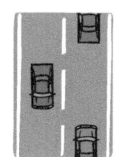

tráfico

Ruch

atasco

Korek

aparcamiento

Parking

estación de tren

Dworzec

vías

Szyny

tren

Pociąg

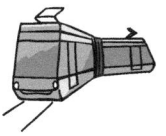

tranvía

Tramwaj

vagón

Wagon

helicóptero

Helikopter

aeropuerto

Lotnisko

torre

Wieża

pasajero

Pasażer

contenedor

Kontener

caja de cartón

Karton

carretilla

Taczka

cesta

Kosz

despegar / aterrizar

startować / lądować

ciudad
Miasto

pueblo

Wieś

centro de ciudad

Centrum miasta

casa

Dom

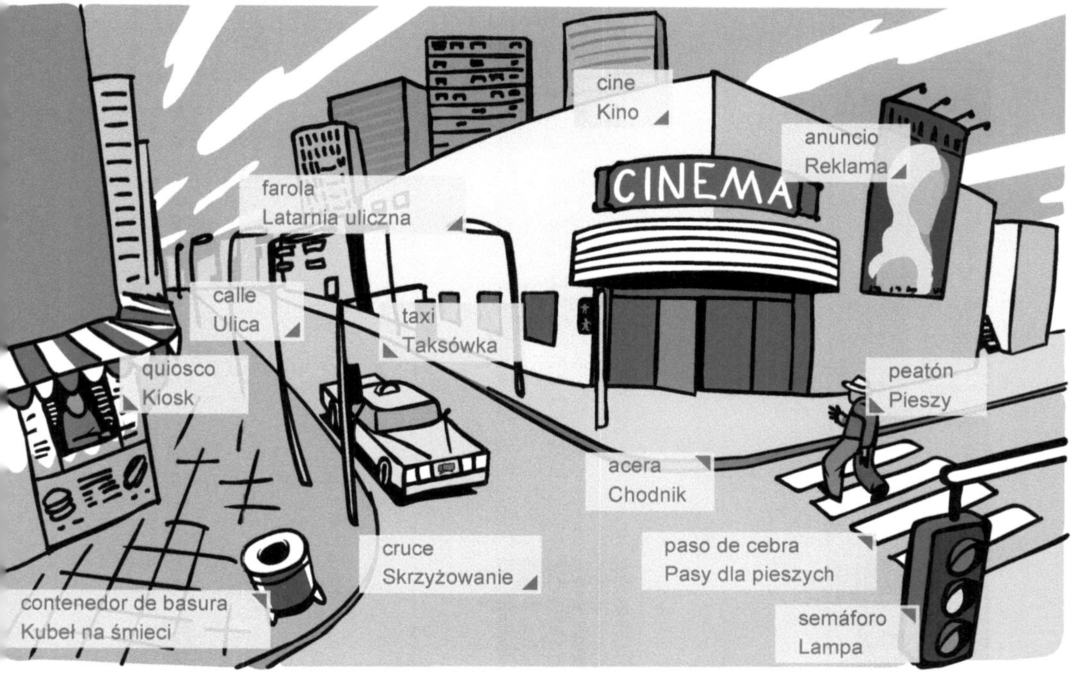

cine
Kino

anuncio
Reklama

farola
Latarnia uliczna

calle
Ulica

taxi
Taksówka

quiosco
Kiosk

CINEMA

peatón
Pieszy

acera
Chodnik

cruce
Skrzyżowanie

paso de cebra
Pasy dla pieszych

contenedor de basura
Kubeł na śmieci

semáforo
Lampa

cabaña

Chata

apartamento

Mieszkanie

estación de tren

Dworzec

ayuntamiento

Ratusz

museo

Muzeum

escuela

Szkoła

universidad

Uniwersytet

banco

Bank

hospital

Szpital

hotel

Hotel

farmacia

Apteka

oficina

Biuro

librería

Księgarnia

tienda

Sklep

floristería

Kwiaciarnia

supermercado

Supermarket

mercado

Rynek

grandes almacenes

Dom towarowy

pescadería

Sklep z rybami

centro comercial

Centrum handlowe

puerto

Port

parque

Park

banco

Ławka

puente

Most

escaleras

Schody

metro

Metro

túnel

Tunel

parada de autobús

Przystanek autobusowy

bar

Bar

restaurante

Restauracja

buzón

Skrzynka na listy

poste indicador

Tabliczka z nazwą ulicy

parquímetro

Parkometr

zoo

Zoo

piscina

Łaźnia

mezquita

Meczet

granja

Gospodarstwo chłopskie

contaminación

Zanieczyszczenie środowiska

cementerio

Cmentarz

iglesia

Kościół

patio de juego

Plac zabaw

templo

Świątynia

paisaje
Krajobraz

hoja
Liść

señal
Drogowskaz

camino
Droga

prado
Łąka

piedra
Kamień

excursionista
Wędrowiec

árbol
Drzewo

río
Rzeka

hierba
Trawa

flor
Kwiat

valle

Dolina

colina

Góra

lago

Jezioro

bosque

Las

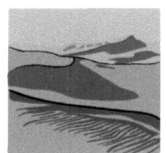

desierto

Pustynia

volcán

Wulkan

castillo

Zamek

arcoíris

Tęcza

champiñón

Grzyb

palmera

Palma

mosquito

Komar

mosca

Mucha

hormiga

Mrówka

abeja

Pszczoła

araña

Pająk

escarabajo

Chrząszcz

rana

Żaba

ardilla

Wiewiórka

erizo

Jeż

liebre

Zając

lechuza

Sowa

pájaro

Ptak

cisne

Łabędź

jabalí

Dzik

ciervo

Jeleń

alce

Łoś

presa

Tama

turbina eólica

Wiatrak

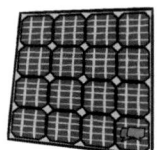

panel solar

Moduł solarny

clima

Klimat

camarero
Kelner

menú
Menu

silla
Krzesło

sopa
Zupa

pizza
Pizza

cubertería
Sztućce

mantel
Obrus

primer plato

Przystawka

plato principal

Danie główne

postre

Deser

bebidas

Napoje

comida

Jedzenie

botella

Butelka

comida rápida

Fastfood

comida callejera

Streetfood

tetera

Dzbanek na herbatę

azucarero

Cukierniczka

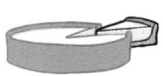

porción

Porcja

cafetera expreso

Zaparzarka do espresso

trona

Krzesło dla dziecka

cuenta

Rachunek

bandeja

Taca

cuchillo

Nóż

tenedor

Widelec

cuchara

Łyżka

cucharilla

Łyżeczka

servilleta

Serwetka

vaso

Szklanka

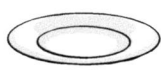

plato
Talerz

plato hondo
Talerz do zupy

platillo
Podstawek pod filiżankę

salsa
Sos

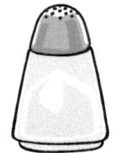

salero
Solniczka

molinillo de pimienta
Młynek do pieprzu

vinagre
Ocet

aceite
Olej

especias
Przyprawy

ketchup
Keczup

mostaza
Musztarda

mayonesa
Majonez

supermercado
Supermarket

oferta especial
Oferta
FOR
cliente
Klient
lácteos
Produkty mleczne
fruta
Owoce
carro de la compra
Wózek sklepowy

BUTCHERS

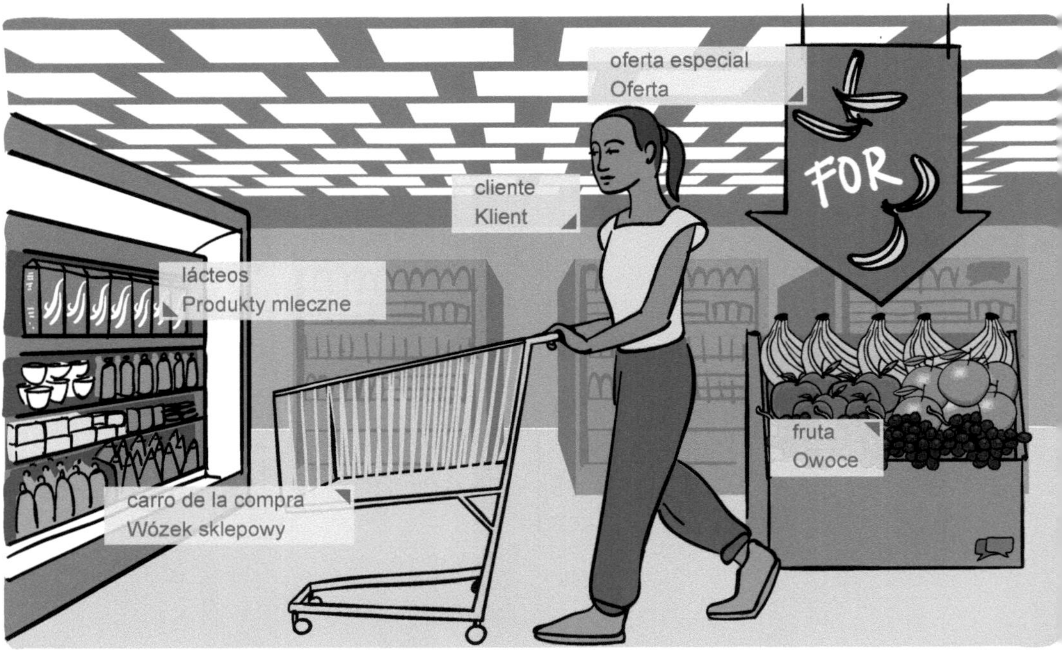

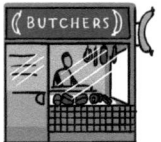

carnicería

Rzeźnia

BAKERY

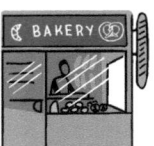

panadería

Piekarnia

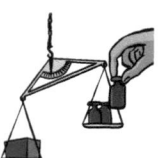

pesar

ważyć

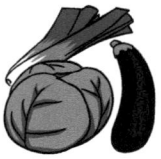

verduras

Warzywa

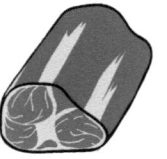

carne

Mięso

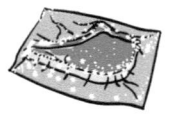

alimentos congelados

Mrożonki

fiambres

Wędliny

conservas

Konserwy

detergente en polvo

Proszek m do prania

dulces

Słodycze

productos de uso doméstico

Artykuły użytku domowego

productos de limpieza

Środek czyszczący

vendedora

Sprzedawczyni

caja

Kasa

cajero

Kasjer

lista de la compra

Lista zakupów

horario de atención al público

Godziny otwarcia

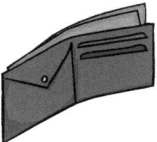

cartera

Portfel

tarjeta de crédito

Karta kredytowa

bolsa

Torba

bolsa de plástico

Torebka plastikowa

agua

Woda

zumo

Sok

leche

Mleko

cola

Cola

vino

Wino

cerveza

Piwo

alcohol

Alkohol

cacao

Kakao

té

Herbata

café

Kawa

expreso

Espresso

capuchino

Cappuccino

plátano
....
Banan

manzana
....
Jabłko

naranja
....
Pomarańcza

melón
....
Arbuz

limón
....
Cytryna

zanahoria
....
Marchew

ajo
....
Czosnek

bambú
....
Bambus

cebolla
....
Cebula

champiñón
....
Grzyb

avellanas
....
Orzechy

fideos
....
Makaron

espagueti

Spaghetti

arroz

Ryż

ensalada

Sałatka

patatas fritas

Frytki

patatas fritas

Ziemniaki pieczone

pizza

Pizza

hamburguesa

Hamburger

sándwich

Kanapka

filete

Sznycel

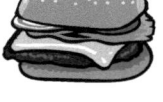

jamón

Szynka

salami

Salami

salchicha

Kiełbasa

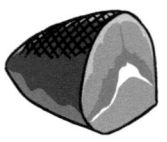

pollo

Kura

asado

Pieczeń

pescado

Ryba

copos de avena
....
Płatki owsiane

muesli
....
Musli

copos de maíz
....
Płatki kukurydziane

harina
....
Mąka

cruasán
....
Croissant

panecillo
....
Bułka

pan
....
Chleb

tostada
....
Toast

galletas
....
Ciastka

mantequilla
....
Masło

cuajada
....
Twarożek

pastel
....
Ciasto

huevo
....
Jajko

huevo frito
....
Jajko sadzone

queso
....
Ser

helado

Lody

azúcar

Cukier

miel

Miód

mermelada

Marmolada

crema de turrón

Krem nugatowy

curry

Curry

Gospodarstwo chłopskie

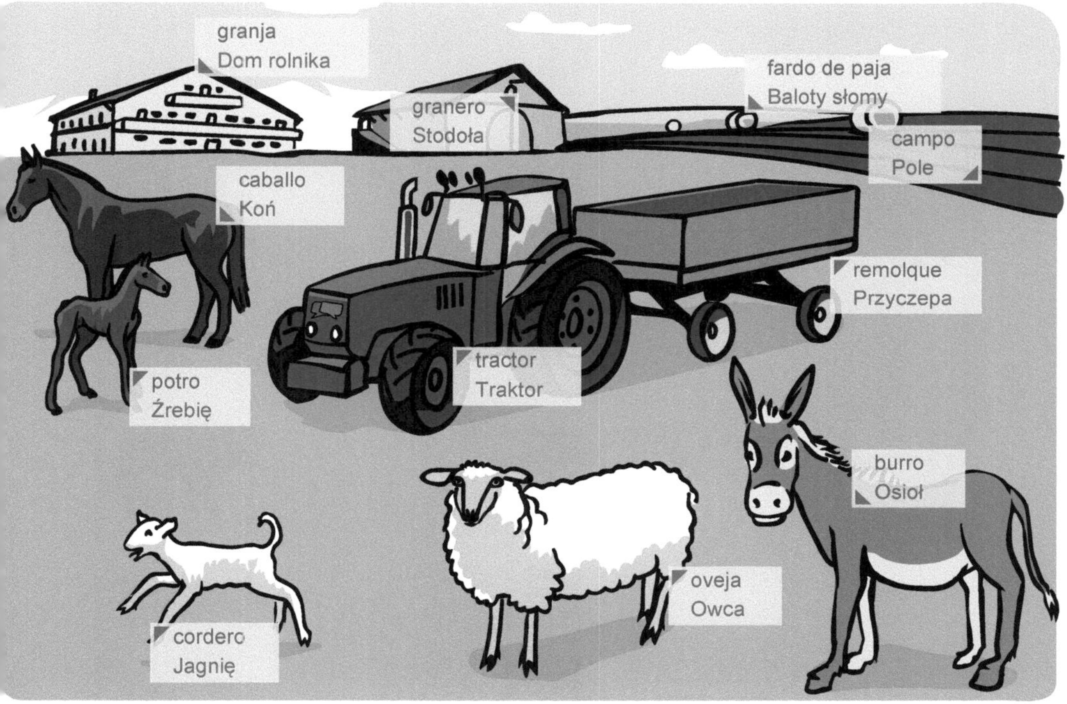
granja
Dom rolnika
fardo de paja
Baloty słomy
granero
Stodoła
campo
Pole
caballo
Koń
remolque
Przyczepa
tractor
Traktor
potro
Źrebię
burro
Osioł
oveja
Owca
cordero
Jagnię

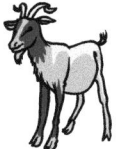

cabra

Koza

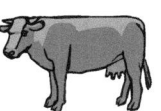

vaca

Krowa

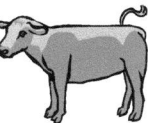

ternero

Cielę

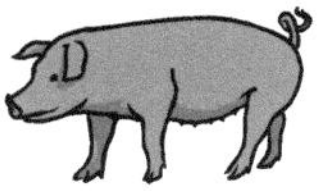

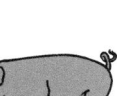

cerdo

Świnia

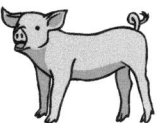

cerdito

Prosię

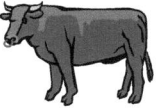

toro

Byk

ganso

Gęś

pato

Kaczka

pollo

Kurczątko

gallina

Kura

gallo

Kogut

rata

Szczur

gato

Kot

ratón

Mysz

buey

Osioł

perro

Pies

perrera

Buda dla psa

manguera

Wąż ogrodowy

regadera

Konewka

guadaña

Kosa

arado

Pług

hoz

Sierp

azada

Graca

horca

Widły

hacha

Siekiera

carretilla

Taczka

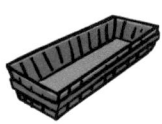

abrevadero

Koryto

lechera

Kanka na mleko

saco

Worek

valla

Płot

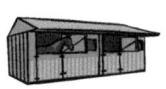

establo

Stajnia

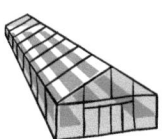

invernadero

Szklarnia

suelo

Ziemia

semilla

Nasiona

fertilizador

Nawóz

cosechadora

Kombajn zbożowy

cosechar

zbierać

cosecha

Żniwa

ñame

Podchrzyn

trigo

Pszenica

soja

Soja

patata

Ziemniak

maíz

Kukurydza

semilla de colza

Rzepak

árbol frutal

Drzewo owocowe

mandioca

Maniok

cereales

Zboże

casa
Dom

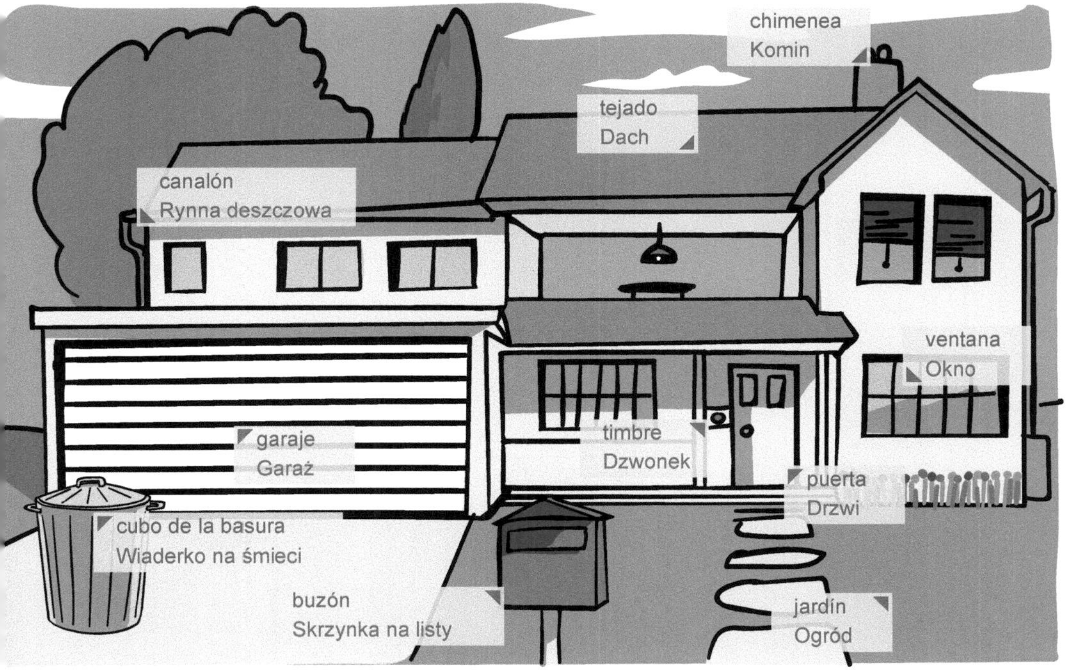
chimenea
Komin
tejado
Dach
canalón
Rynna deszczowa
ventana
Okno
garaje
Garaż
timbre
Dzwonek
puerta
Drzwi
cubo de la basura
Wiaderko na śmieci
buzón
Skrzynka na listy
jardín
Ogród

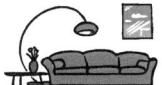

sala
Pokój dzienny

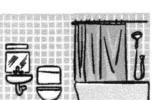

cuarto de baño
Łazienka

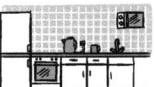

cocina
Kuchnia

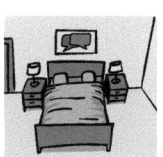

dormitorio
Sypialnia

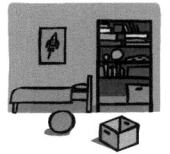

habitación de los niños
Pokój dziecięcy

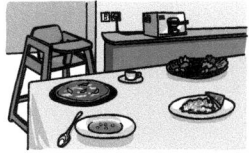

comedor
Jadalnia

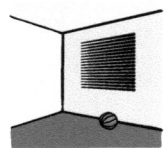

suelo

Ziemia

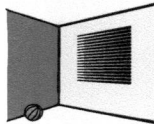

pared

Ściana

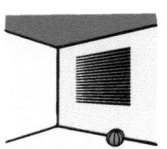

techo

Koc

sótano

Piwnica

sauna

Sauna

balcón

Balkon

terraza

Taras

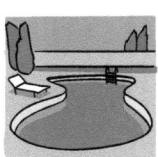

piscina

Basen

cortacésped

Kosiarka do trawy

sábana

Poszwa

colcha

Kołdra

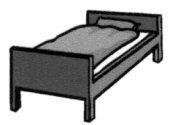

cama

Łóżko

escoba

Miotła

balde

Wiadro

interruptor

Włącznik

sala

Pokój dzienny

papel pintado
Tapeta
imagen
Obraz
lámpara
Lampa
estante
Regał
armario
Szafa
televisión
Telewizor
chimenea
Komin
flor
Kwiat
cojín
Poduszka
sofá
Kanapa
jarrón
Wazon
mando a distancia
Pilot

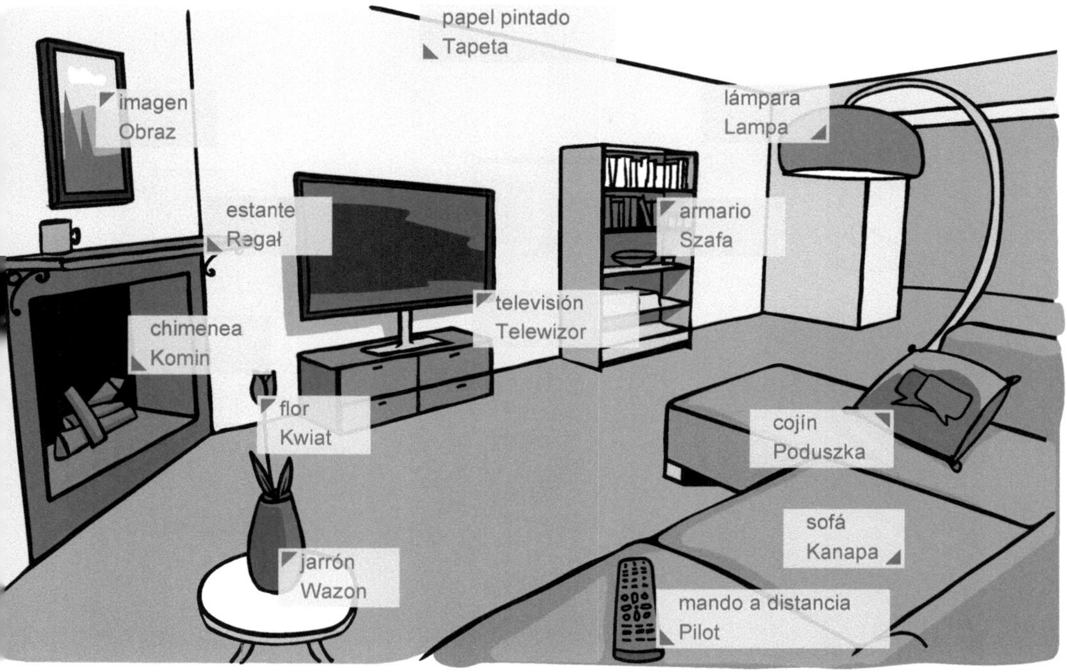

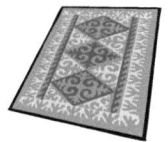

alfombra

Dywan

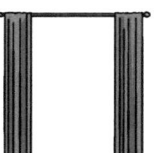

cortina

Zasłona

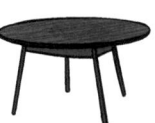

mesa

Stół

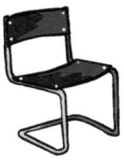

silla

Krzesło

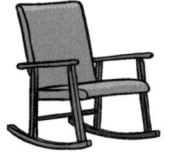

mecedora

Bujak

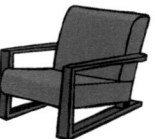

butaca

Fotel

libro

Książka

manta

Sufit

decoración

Dekoracja

leña

Drewno kominkowe

película

Film

equipo de música

Instalacja stereo

llave

Klucz

periódico

Gazeta

pintura

Malunek

póster

Plakat

radio

Radio

cuaderno

Notatnik

aspiradora

Odkurzacz

cactus

Kaktus

vela

Świeczka

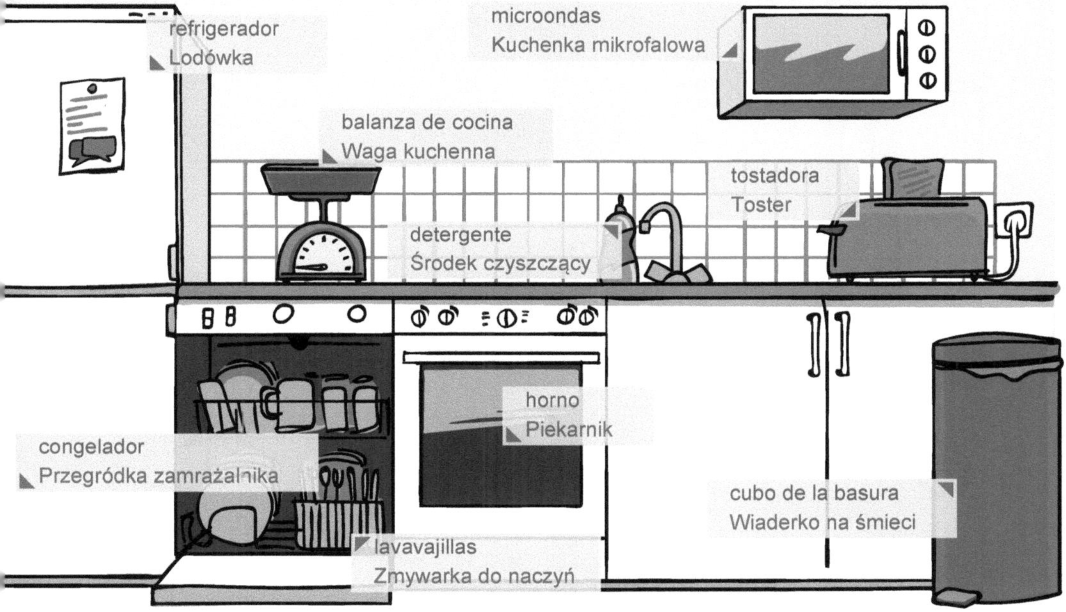

refrigerador
Lodówka

microondas
Kuchenka mikrofalowa

balanza de cocina
Waga kuchenna

tostadora
Toster

detergente
Środek czyszczący

horno
Piekarnik

congelador
Przegródka zamrażalnika

cubo de la basura
Wiaderko na śmieci

lavavajillas
Zmywarka do naczyń

olla a presión
Kuchenka

olla
Garnek

olla de hierro fundido
Kocioł żeliwny

wok / karahi
Wok / Kadai

cazuela
Patelnia

hervidor
Czajnik

vaporera

Parowar

chapa de horno

Blacha do pieczenia

vajilla

Naczynia kuchenne

taza

Kubek

tazón

Miska

palillos

Pałeczki

cucharón

Nabierka

espumadera

Łopatka do smażenia

batidor

Trzepaczka do śmietany

colador

Cedzak

cedazo

Sitko

rallador

Tarka

mortero

Moździerz

barbacoa

Grillowanie

hoguera

Palenisko

tabla de picar
Deska

rodillo
Wałek do ciasta

sacacorchos
Korkociąg

lata
Puszka

abrelatas
Otwieracz do puszek

agarrador
Ściereczka do trzymania garnka

lavabo
Umywalka

cepillo
Szczotka

esponja
Gąbka

batidora
Mikser

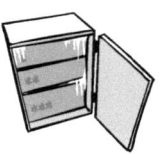

congelador
Zamrażarka

biberón
Butelka dla niemowlęcia

grifo
Kran

cuarto de baño
Łazienka

ducha
Prysznic
calefacción
Ogrzewanie
toalla
Ręcznik
cortina de la ducha
Kotara prysznicowa
baño de espuma
Płyn do kąpieli
bañera
Wanna kąpielowa
vaso
Szklanka
lavadora
Pralka
grifo
Kran
baldosas
Kafelki
orinal
Nocnik
lavabo
Umywalka

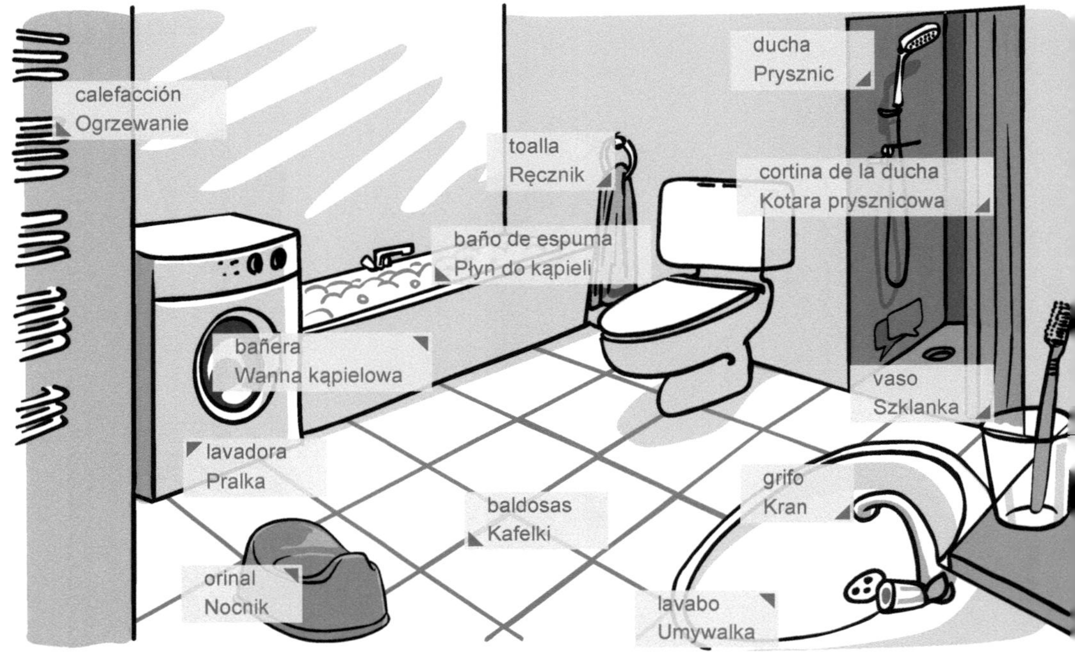

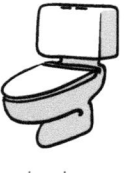

inodoro

Toaleta

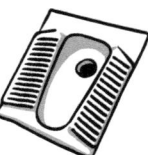

inodoro rústico

Toaleta kuczna

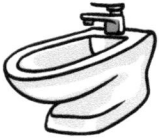

bidé

Bidet

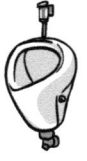

urinario

Pisuar

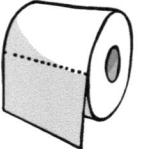

papel higiénico

Papier toaletowy

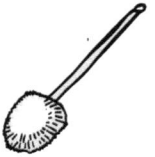

escobilla del váter

Szczotka toaletowa

cepillo de dientes

Szczoteczka do zębów

pasta de dientes

Pasta do zębów

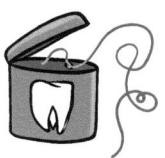

hilo dental

Nitki do czyszczenia zębów

lavar

myć

ducha de mano

Głowica prysznicowa

ducha íntima

Płyn kąpielowy do higieny intymnej

pila

Miska do mycia

cepillo de espalda

Szczotka kąpielowa

jabón

Mydło

gel de ducha

Żel prysznicowy

champú

Szampon

toallita

Rękawica kąpielowa

desagüe

Odpływ

crema

Krem

desodorante

Dezodorant

espejo

Lustro

espejo de tocador

Lustro kosmetyczne

maquinilla de afeitar

Golarka

espuma de afeitar

Pianka do golenia

loción postafeitado

Woda po goleniu

peine

Grzebień

cepillo

Szczotka

secador

Suszarka do włosów

laca

Spray do włosów

maquillaje

Makijaż

pintalabios

Pomadka

pintauñas

Lakier do paznokci

algodón

Wata

cortauñas

Nożyczki do paznokci

perfume

Perfum

estuche de viaje

Kosmetyczka

banqueta

Taboret

balanza

Waga

albornoz

Szlafrok kąpielowy

guantes de goma

Rękawice gumowe

tampón

Tampon

compresa

Podpaska damska

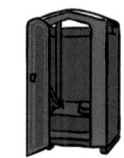

inodoro químico

Toaleta chemiczna

habitación de los niños

Pokój dziecięcy

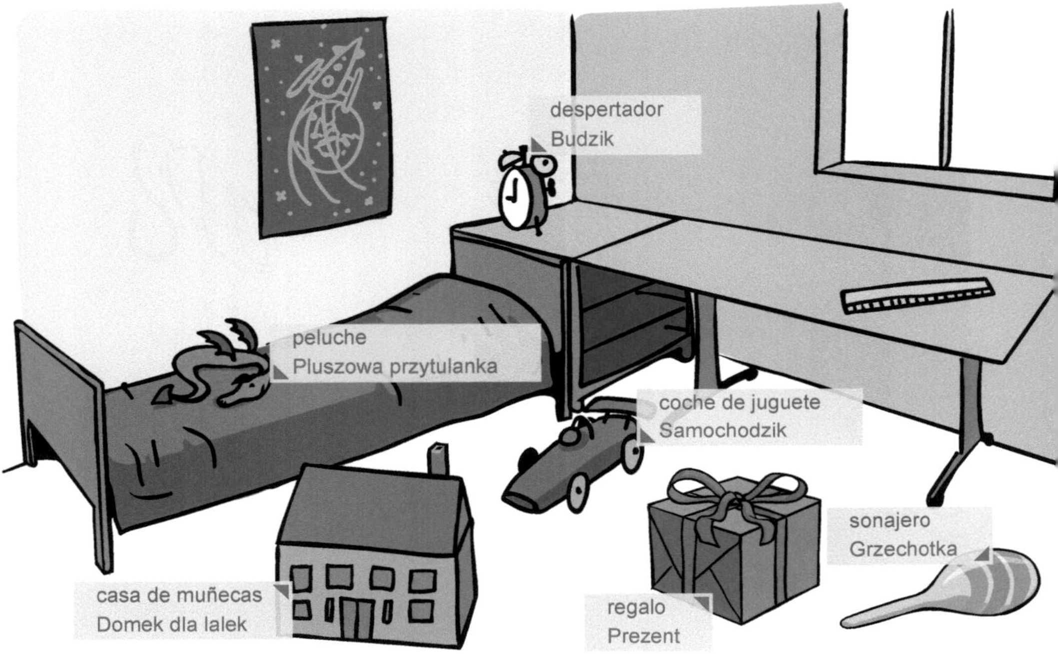
despertador
Budzik
peluche
Pluszowa przytulanka
coche de juguete
Samochodzik
sonajero
Grzechotka
casa de muñecas
Domek dla lalek
regalo
Prezent

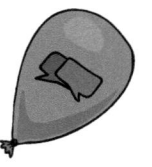

globo

Balon

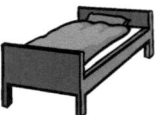

cama

Łóżko

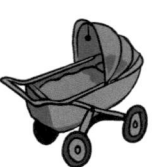

coche de niño

Wózek dziecięcy

naipes

Gra w karty

puzle

Puzzle

SUPER
MEGA

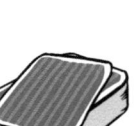

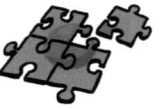

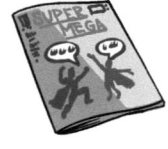

tebeo

Komiks

piezas de lego

Klocki lego

bloques de juguete

Klocki

figura de acción

Action figura

bodi (de bebé)

Śpioszek dziecięcy

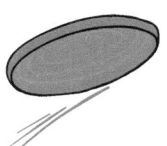

frisbee

Frisbee

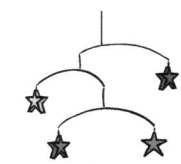

colgador móvil para bebés

Zabawki ruchome

juego de mesa

Gra planszowa

dados

Kości

circuito de tren eléctrico

Kolejka elektryczna

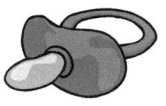

maniquí

Smoczek

fiesta

Przyjęcie

álbum de fotos

Książka z ilustracjami

pelota

Piłka

muñeca

Lalka

jugar

bawić się

cajón de arena

Piaskownica

columpio

Huśtawka

juguetes

Zabawki

videoconsola

Konsola do gier

triciclo

Rowerek trójkołowy

oso de peluche

Pluszowy miś

guardarropa

Szafa ubraniowa

ropa
Ubiór

calcetines

Skarpety

medias

Pończochy

leotardos

Rajstopy

bufanda
Szal

cinturón
Pasek

paraguas
Parasol

camiseta
T-Shirt

deportivas
Obuwie sportowe

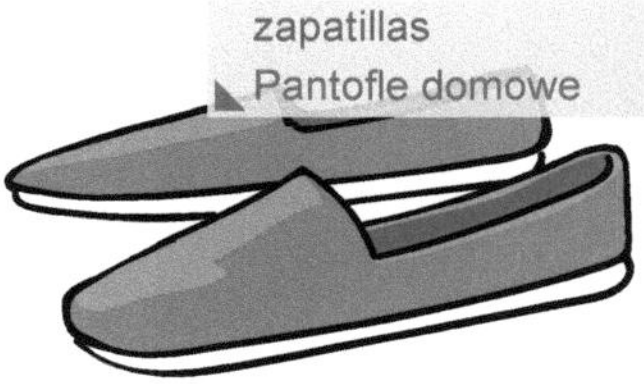

botas
Kozaki

zapatillas
Pantofle domowe

sandalias

Sandały

zapatos

Buty

botas de goma

Kalosze

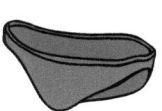

slip

Majtki

sostén

Biustonosz

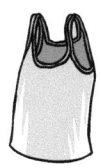

chaleco

Podkoszulek

bodi
Body

pantalones
Spodnie

vaqueros
Dżins

falda
Spódnica

blusa
Bluzka

camisa
Koszula

jersey
Pulower

suéter
Bluza sportowa

blazer
Marynarka

chaqueta
Kurtka

abrigo
Płaszcz

gabardina
Płaszcz przeciwdeszczowy

traje
Kostium

vestido
Sukienka

vestido de novia
Suknia ślubna

traje

Garnitur męski

camisón

Koszula nocna

pijama

Piżama

sari

Sari

bandana

Chusta na głowę

turbante

Turban

burka

Burka

caftán

Kaftan

abaya

Abaya

traje de baño

Strój kąpielowy

bañador

Kąpielówki

pantalones cortos

Krótkie spodnie

chándal

Dres sportowy

delantal

Fartuch

guantes

Rękawiczki

botón

Guzik

gafas

Okulary

brazalete

Bransoletka

collar

Łańcuszek

anillo

Pierścionek

pendiente

Kolczyk

gorra

Czapka

percha

Wieszak

sombrero

Kapelusz

corbata

Krawat

cremallera

Zamek błyskawiczny

casco

Kask

tirantes

Szelki

uniforme escolar

Mundurek szkolny

uniforme

Mundur

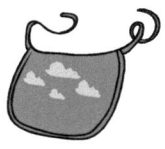

babero

Śliniaczek

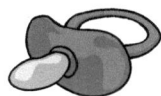

maniquí

Smoczek

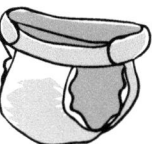

pañal

Pieluszka

oficina

Biuro

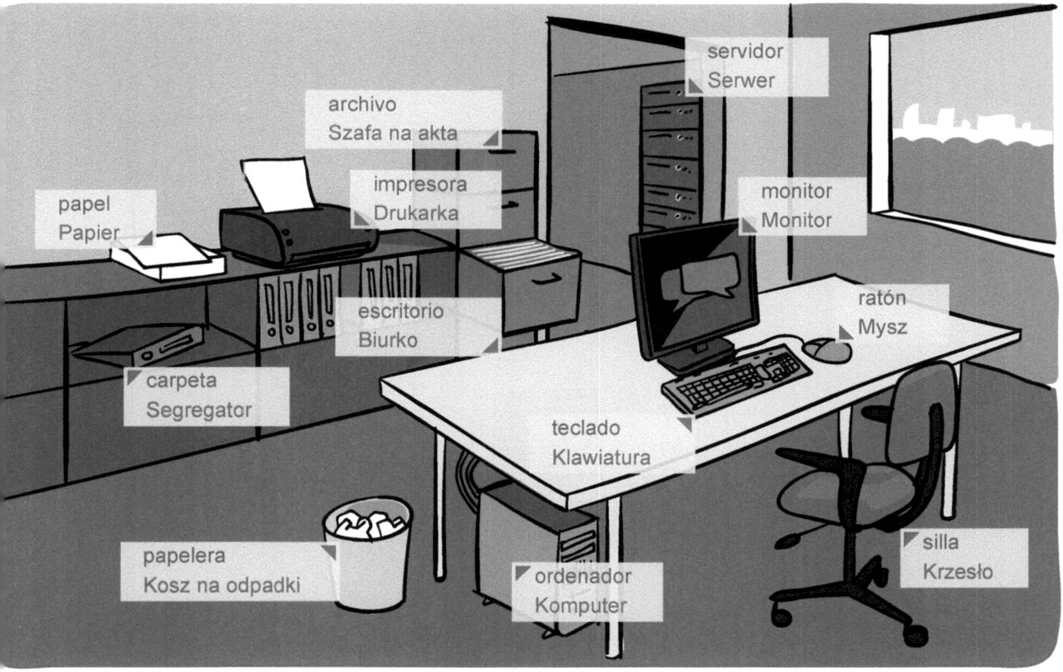
servidor
Serwer
archivo
Szafa na akta
impresora
Drukarka
papel
Papier
monitor
Monitor
ratón
Mysz
escritorio
Biurko
carpeta
Segregator
teclado
Klawiatura
papelera
Kosz na odpadki
ordenador
Komputer
silla
Krzesło

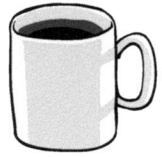

taza de café

Filiżanka do kawy

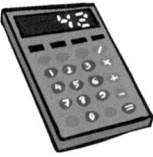

calculadora

Kalkulator

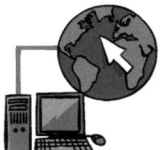

internet

Internet

portátil

Laptop

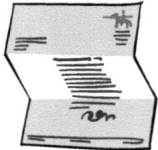

carta

List

mensaje

Wiadomość

móvil

Komórka

red

Sieć

fotocopiadora

Kopiarka

software

Oprogramowanie

teléfono

Telefon

toma de corriente

Gniazdko

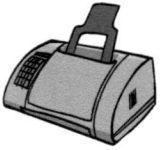

fax

Faks

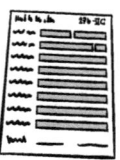

formulario

Formularz

documento

Dokument

comprar
kupić

pagar
płacić

comerciar
postępować

dinero
Pieniądze

 USD

dólar
Dolar

 EUR

euro
Euro

 JPY

yen
Jen

 RUB

rublo
Rubel

 CHF

franco suizo
Frank

 CNY

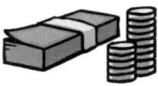

renminbi yuan
Juan Renminbi

 INR

rupia
Rupia

cajero automático
Bankomat

oficina de cambio de divisas

Kantor wymiany walut

oro

Złoto

plata

Srebro

petróleo

Olej

energía

Energia

precio

Cena

contrato

Umowa

impuesto

Podatek

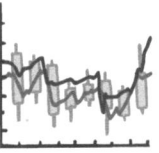

acción

Akcja

trabajar

pracować

empleado

Pracownik umysłowy

empleador

Pracodawca

fábrica

Fabryka

tienda

Sklep

economía - Gospodarka

agente de policía
Policjant

bombero
Strażak

cocinero
Kucharz

médico
Lekarz

piloto
Pilot

jardinero
Ogrodnik

carpintero
Stolarz

costurera
Krawcowa

juez
Sędzia

farmacéutico
Chemik

actor
Aktor

conductor de autobús

Kierowca autobusu

taxista

Taksówkarz

pescador

Fischer

señora de la limpieza

Sprzątaczka

techador

Dekarz

camarero

Kelner

cazador

Myśliwy

pintor

Malarz

panadero

Piekarz

electricista

Elektryk

obrero

Robotnik budowlany

ingeniero

Inżynier

carnicero

Rzeźnik

fontanero

Instalator

cartero

Listonosz

soldado
....
Żołnierz

arquitecto
....
Architekt

cajero
....
Kasjer

florista
....
Florysta

peluquero
....
Fryzjer

revisor
....
Konduktor

mecánico
....
Mechanik

capitán
....
Kapitan

dentista
....
Dentysta

científico
....
Naukowiec

rabino
....
Rabin

imán
....
Imam

monje
....
Mnich

sacerdote
....
Proboszcz

herramientas
Narzędzia

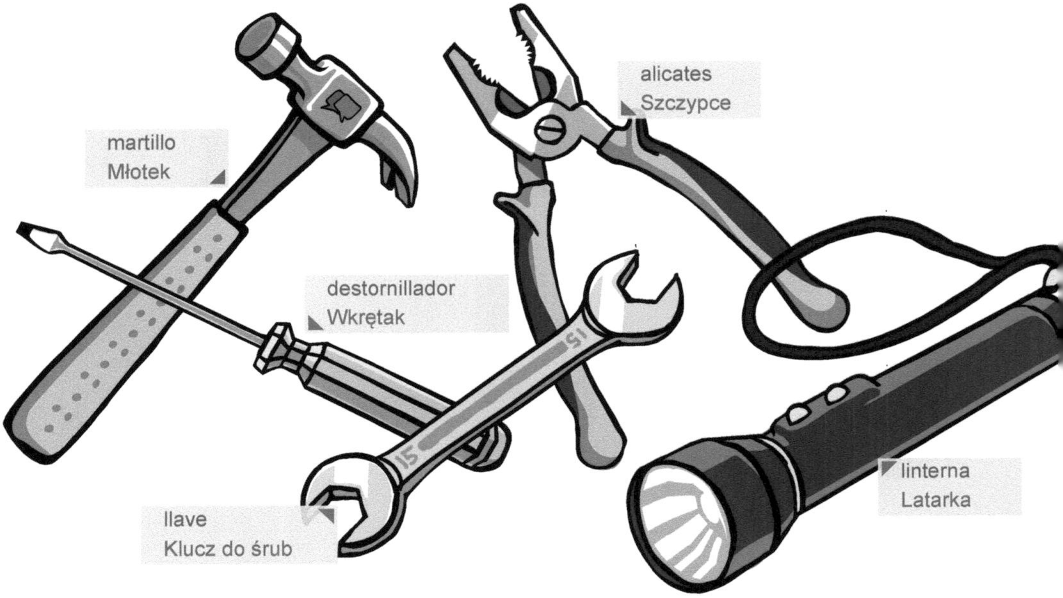
martillo
Młotek
alicates
Szczypce
destornillador
Wkrętak
llave
Klucz do śrub
linterna
Latarka

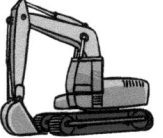

excavadora

Koparka

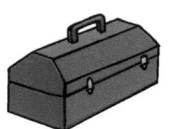

caja de herramientas

Skrzynka narzędziowa

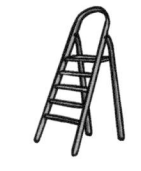

escalera de mano

Drabina

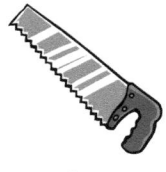

sierra

Piła

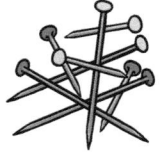

clavos

Gwoździe

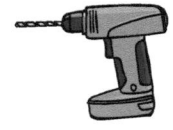

taladro

Wiertło

reparar

naprawić

pala

Łopatka

¡Maldita sea!

Cholera!

recogedor

Szufelka

bote de pintura

Puszka z farbą

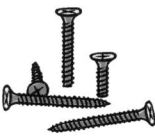

tornillos

Śruby

instrumentos musicales
Instrumenty muzyczne

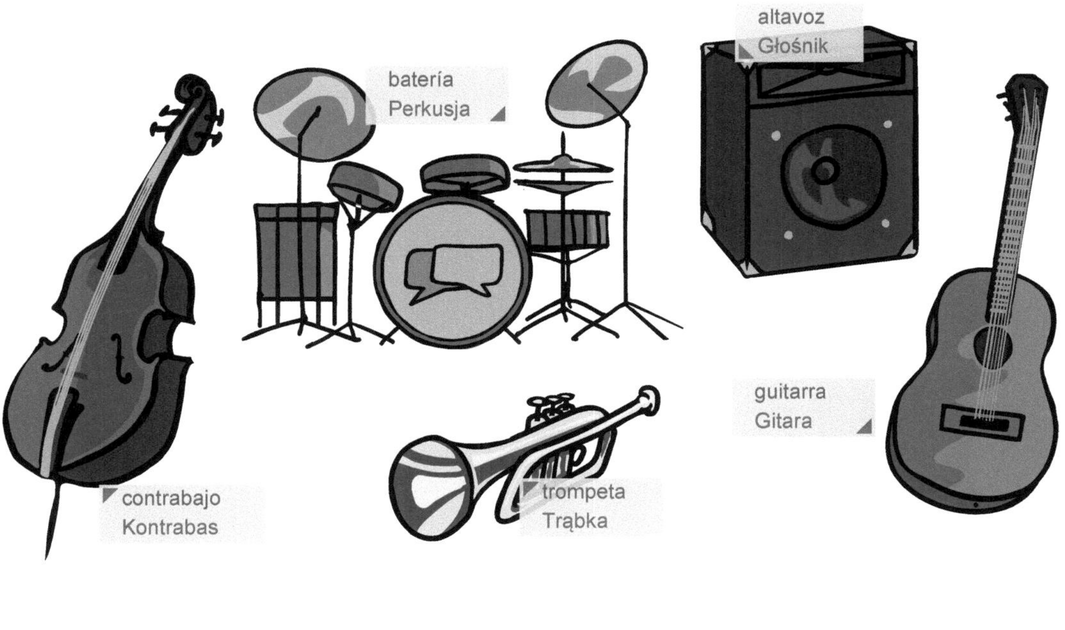

altavoz
Głośnik

batería
Perkusja

contrabajo
Kontrabas

trompeta
Trąbka

guitarra
Gitara

piano

Pianino

violín

Skrzypce

bajo

Bas

timbales

Kotły

tambor

Bęben

teclado

Keyboard

saxofón

Saksofon

flauta

Flet

micrófono

Mikrofon

tigre
Tygrys

entrada
Wejście

jaula
Klatka

cebra
Zebra

pienso
Pasza

panda
Panda

animales
Zwierzęta

elefante
Słoń

canguro
Kangur

rinoceronte
Nosorożec

gorila
Goryl

oso
Niedźwiedź

camello
....
Wielbłąd

avestruz
....
Struś

león
....
Lew

mono
....
Małpa

flamingo
....
Fleming

loro
....
Papuga

oso polar
....
Niedźwiedź polarny

pingüino
....
Pingwin

tiburón
....
Rekin

pavo real
....
Paw

serpiente
....
Wąż

cocodrilo
....
Krokodyl

guardián de zoológico
....
Dozorca w zoo

foca
....
Foka

jaguar
....
Jaguar

poni

Kucyk

leopardo

Gepard

hipopótamo

Hipopotam

jirafa

Żyrafa

águila

Orzeł

jabalí

Dzik

pescado

Ryba

tortuga

Żółw

morsa

Mors

zorro

Lis

gacela

Gazela

fútbol americano
Futbol amerykański

ciclismo
Kolarstwo

tenis
Tenis

baloncesto
Koszykówka

natación
Pływanie

boxeo
Boks

hockey sobre hielo
Hokej na lodzie

fútbol
Piłka nożna

bádminton
Badminton

atletismo
Lekka atletyka

balonmano
Piłka ręczna

esquí
Narciarstwo

polo
Polo

reír
śmiać się

saltar
skakać

abrazar
objąć

caminar
iść

cantar
śpiewać

soñar
marzyć

rezar
modlić się

besar
całować

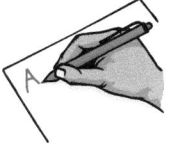

escribir

pisać

dibujar

rysować

mostrar

pokazywać

empujar

nacisnąć

dar

dać

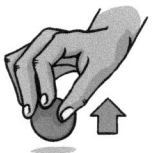

tomar

wziąć

tener
....
mieć

hacer
....
robić

ser
....
być

estar de pie
....
stać

correr
....
biegać

tirar
....
ciągnąć

tirar
....
rzucać

caer
....
spaść

yacer
....
leżeć

esperar
....
czekać

llevar
....
nosić

estar sentado
....
siedzieć

vestirse
....
zakładać

dormir
....
spać

despertar
....
budzić się

actividades - Działania

mirar
spojrzeć

llorar
płakać

acariciar
głaskać

peinar
czesać się

hablar
mówić

entender
rozumieć

preguntar
pytać

escuchar
słyszeć

beber
pić

comer
jeść

ordenar
sprzątać

amar
kochać

cocinar
gotować

conducir
jechać

volar
latać

navegar

żeglować

calcular

liczyć

leer

czytać

aprender

uczyć się

trabajar

pracować

casarse

wejść w związek małżeński

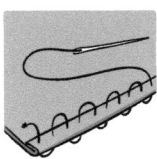

coser

szyć

cepillarse los dientes

myć zęby

matar

zabić

fumar

palić tytoń

enviar

wysłać

abuela
Babcia

abuelo
Dziadek

padre
Ojciec

madre
Matka

bebé
Niemowlę

hija
Córka

hijo
Syn

invitado

Gość

tía

Ciotka

tío

Wujek

hermano

Brat

hermana

Siostra

cuerpo
Ciało

frente
Czoło
ojo
Oko
cara
Twarz
barbilla
Broda
dedo
Palec
mano
Ręka
pecho
Pierś
brazo
Ramię
hombro
Ramię
pierna
Noga

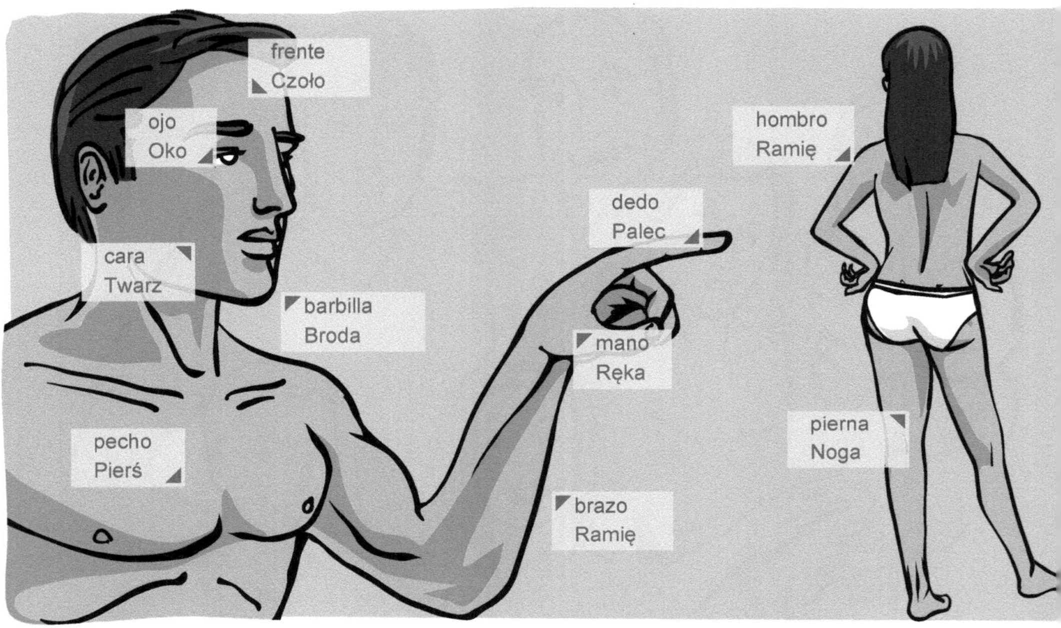

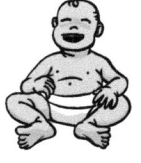

bebé
Niemowlę

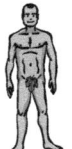

hombre
Mężczyzna

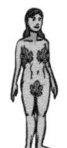

mujer
Kobieta

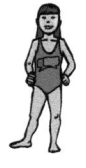

chica
Dziewczyna

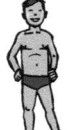

chico
Chłopiec

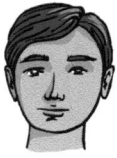

cabeza
Głowa

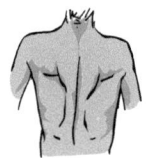

espalda
Plecy

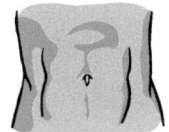

vientre
Brzuch

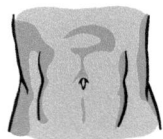

ombligo
Pępek

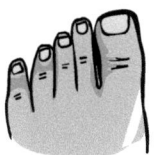

dedo del pie
palec nogi

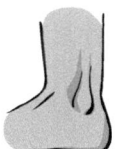

talón
Pięta

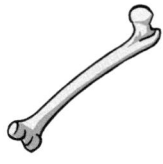

hueso
Kość

cadera
Biodro

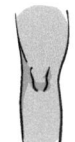

rodilla
Kolano

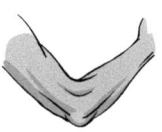

codo
Łokieć

nariz
Nos

trasero
Pośladki

piel
Skóra

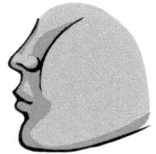

mejilla
Policzek

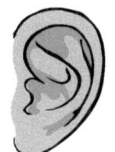

oído
Uszy

labio
Warga

boca

Usta

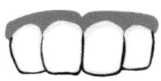

diente

Ząb

lengua

Język

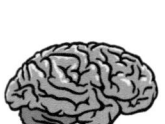

cerebro

Mózg

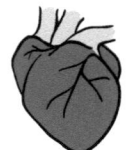

corazón

Serce

músculo

Mięsień

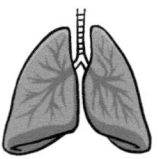

pulmón

Płuca

hígado

Wątroba

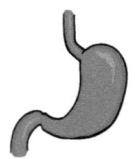

estómago

Żołądek

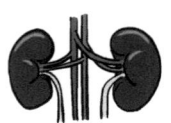

riñones

Nerki

sexo

Stosunek płciowy

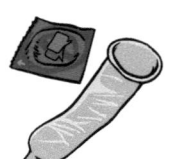

condón

Kondom

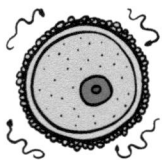

ovario

Komórka jajowa

semen

Sperma

embarazo

Ciąża

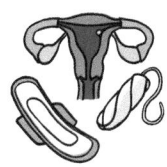

menstruación

Menstruacja

vagina

Wagina

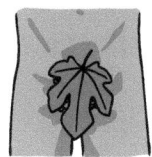

pene

Penis

ceja

Brew

pelo

Włosy

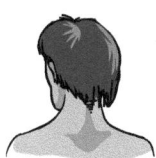

cuello

Szyja

hospital
Szpital

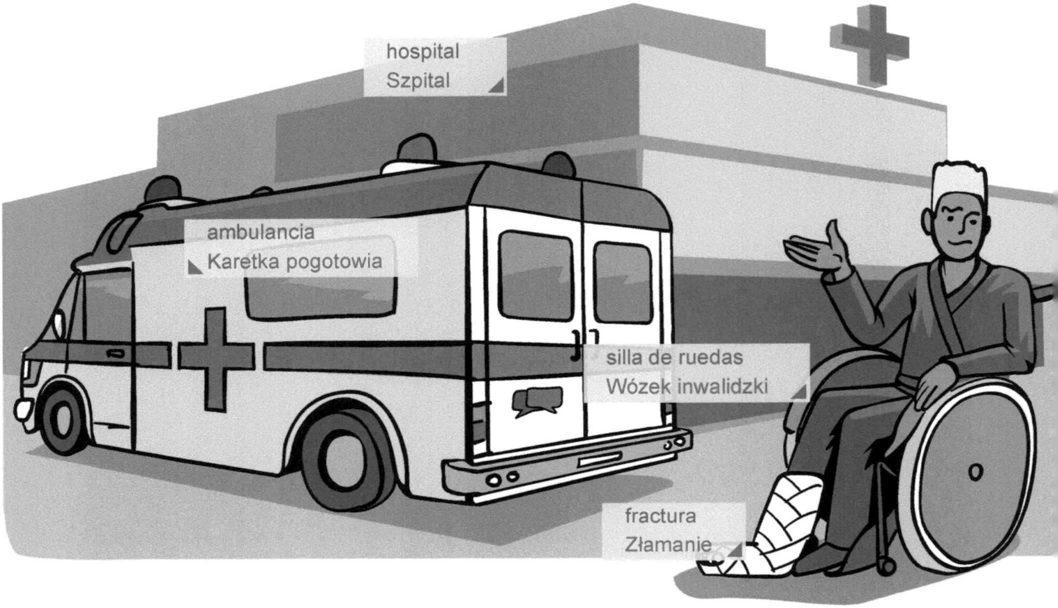

hospital
Szpital
ambulancia
Karetka pogotowia
silla de ruedas
Wózek inwalidzki
fractura
Złamanie

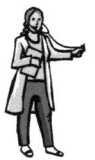

médico

Lekarz

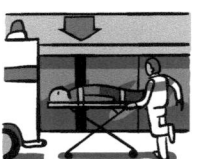

sala de urgencias

Izba przyjęć

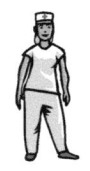

enfermera

Pielęgniarka

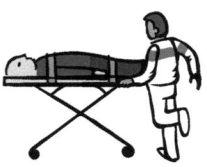

urgencia

Nagły przypadek

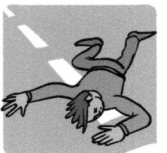

inconsciente

nieprzytomny

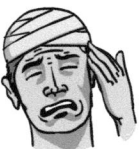

dolor

Ból

lesión

Skaleczenie

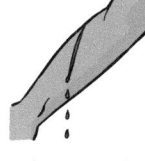

hemorragia

Krwawienie

infarto

Zawał serca

ictus

Udar mózgu

alergia

Alergia

tos

Kaszleć

fiebre

Gorączka

gripe

Grypa

diarrea

Biegunka

dolor de cabeza

Ból głowy

cáncer

Rak

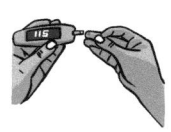

diabetes

Cukrzyca

cirujano

Chirurg

bisturí

Skalpel

operación

Operacja

TAC

CT

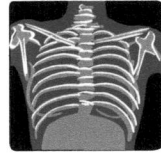

rayos x

Rentgen

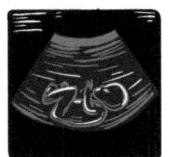

ultrasonido

Ultradźwięki

mascarilla

Maska

enfermedad

Choroba

sala de espera

Poczekalnia

muleta

Kula

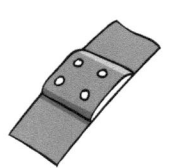

tirita

Plaster

venda

Opatrunek

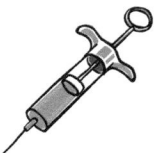

inyección

Iniekcja

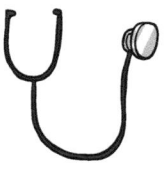

estetoscopio

Stetoskop

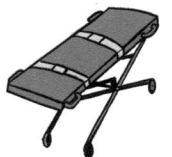

camilla

Nosze

termómetro

Termometr

nacimiento

Poród

sobrepeso

Nadwaga

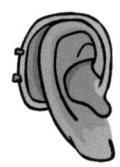

audífono

Aparat słuchowy

desinfectante

Środek dezynfekcyjny

infección

Infekcja

virus

Wirus

VIH / SIDA

HIV / AIDS

medicina

Medycyna

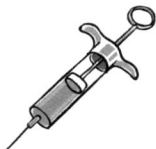

vacunación

Szczepienie

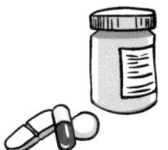

tabletas

Tabletki

pastilla

Pigułka

llamada de urgencia

Telefon ratunkowy

tensiómetro

Ciśnieniomierz krwi

enfermo / sano

chory / zdrowy

¡Socorro!

Pomocy!

alarma

Alarm

asalto

Napad

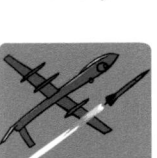

ataque

Atak

peligro

Niebezpieczeństwo

salida de emergencia

Wyjście awaryjne

¡Fuego!

Pożar!

extintor de incendios

Gaśnica

accidente

Wypadek

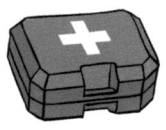

botiquín de primeros auxilios
Walizeczka pierwszej pomocy

SOS

SOS

policía

Policja

Europa

Europa

Norteamérica

Ameryka Północna

Sudamérica

Ameryka Południowa

África

Afryka

Asia

Azja

Australia

Australia

Atlántico

Atlantyk

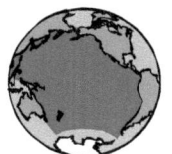

Pacífico

Pacyfik

Océano Índico

Ocean Indyjski

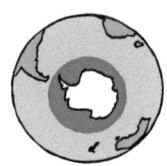

Océano Antártico

Ocean Antarktyczny

Océano Ártico

Ocean Arktyczny

polo norte

Biegun północny

polo sur

Biegun południowy

Antártida

Antarktyda

tierra

Ziemia

tierra

Kraj

mar

Morze

isla

Wyspa

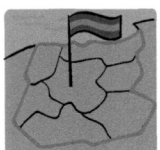

nación

Naród

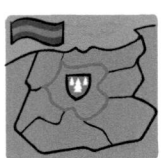

estado

Państwo

esfera

Cyferblat

manecilla de las horas

Wskazówka godzinowa

minutero

Wskazówka minutowa

segundero

Wskazówka sekundowa

¿Qué hora es?

Która godzina?

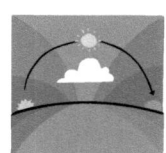

día

Dzień

tiempo

Czas

ahora

teraz

reloj digital

Zegarek digitalny

minuto

Minuta

hora

Godzina

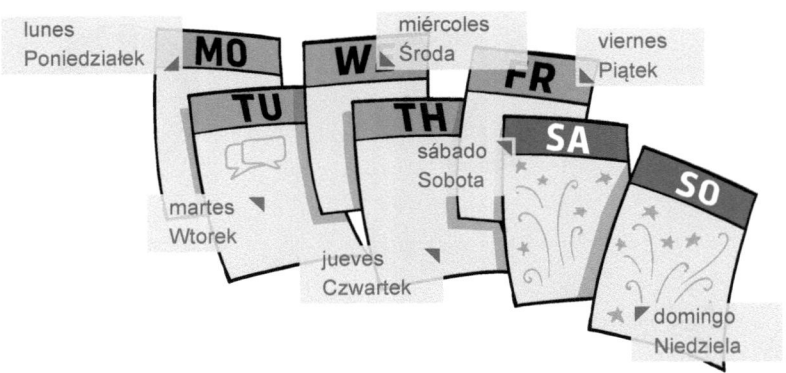

lunes
Poniedziałek

miércoles
Środa

viernes
Piątek

martes
Wtorek

sábado
Sobota

jueves
Czwartek

domingo
Niedziela

ayer
wczoraj

hoy
dzisiaj

mañana
jutro

mañana
Rano

mediodía
Południe

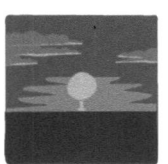

tarde
Wieczór

días laborables
Dni robocze

fin de semana
Weekend

año
Rok

lluvia
Deszcz
arcoíris
Tęcza
viento
Wiatr
nieve
Śnieg
primavera
Wiosna
otoño
Jesień
verano
Lato
invierno
Zima

4.APRIL 11°
5.APRIL 4°
6.APRIL 13°
7.APRIL 8°
8.APRIL 10°

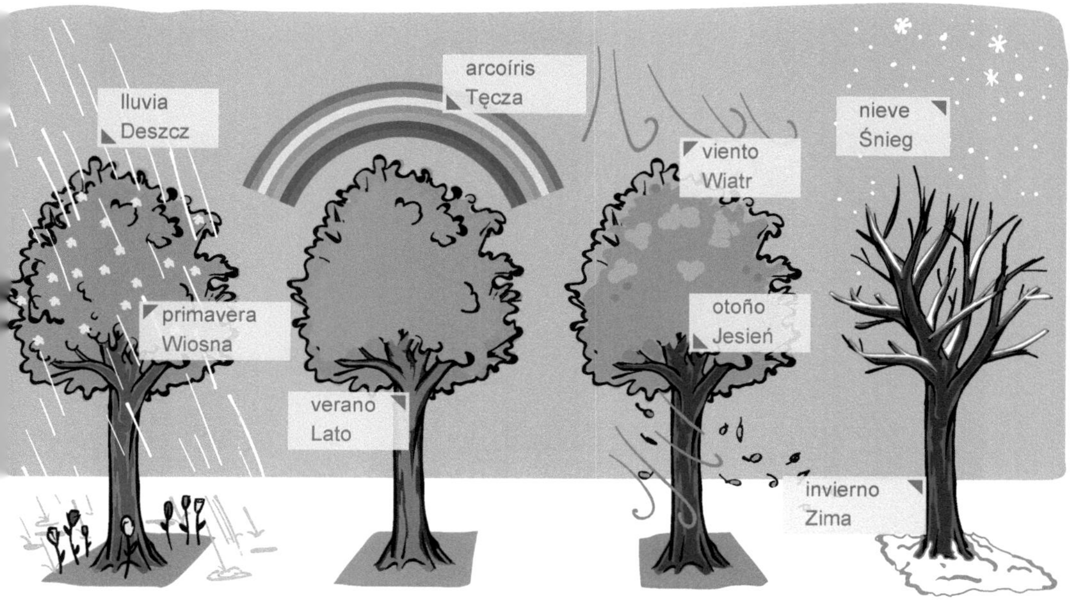

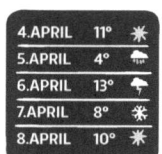

pronóstico del tiempo

Prognoza pogody

F C
120 40
90 30
60 20
30 10
0 0
-30 -10
-20

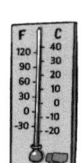

termómetro

Termometr

sol

Światło słoneczne

nube

Chmura

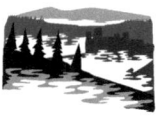

niebla

Mgła

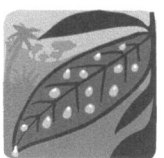

humedad

Wilgotność powietrza

rayo

Błyskawica

trueno

Grzmot

tormenta

Sztorm

granizo

Grad

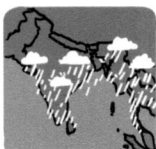

monzón

Monsun

inundación

Potop

hielo

Lód

enero

Styczeń

febrero

Luty

marzo

Marzec

abril

Kwiecień

mayo

Maj

junio

Czerwiec

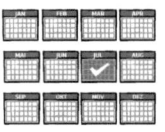

julio

Lipiec

agosto

Sierpień

septiembre
....
Wrzesień

octubre
....
Październik

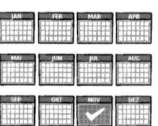

noviembre
....
Listopad

diciembre
....
Grudzień

formas
Kształty

círculo
....
Koło

cuadrado
....
Kwadrat

rectángulo
....
Prostokąt

triángulo
....
Trójkąt

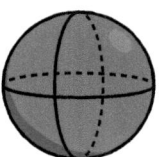

esfera
....
Kula

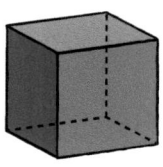

cubo
....
Sześcian

colores
Kolory

blanco
biały

amarillo
żółty

anaranjado
pomarańczowy

rosa
różowy

rojo
czerwony

morado
liliowy

azul
niebieski

verde
zielony

marrón
brązowy

gris
szary

negro
czarny

mucho / poco

dużo / mało

enojado / tranquilo

wściekły / spokojny

bonito / feo

piękny / brzydki

principio / fin

początek / koniec

grande / pequeño

duży / mały

claro / oscuro

jasny / ciemny

hermano / hermana

brat / siostra

limpio / sucio

czysty / brudny

completo / incompleto

kompletny / niekompletny

día / noche

dzień / noc

muerto / vivo

umarły / żywy

ancho / estrecho

szeroki / wąski

comestible / no comestible

jadalny / niejadalny

malo / amable

zły / uprzejmy

entusiasmado / aburrido

podniecony / znudzony

gordo / delgado

gruby / chudy

primero / último

najpierw / na końcu

amigo / enemigo

przyjaciel / wróg

lleno / vacío

pełen / pusty

duro / blando

twardy / miękki

pesado / ligero

ciężki / lekki

hambre / sed

głód / pragnienie

enfermo / sano

chory / zdrowy

ilegal / legal

nielegalny / legalny

inteligente / tonto

inteligentny / głupi

izquierda / derecha

lewo / prawo

cerca / lejos

bliski / daleki

nuevo / usado

nowy / używany

encendido / apagado

włącz / wyłącz

rico / pobre

bogaty / biedny

triste / contento

smutny / szczęśliwy

húmedo / seco

mokry/suchy

nada / algo

nic / coś

abierto / cerrado

otwarty / zamknięty

correcto / incorrecto

prawidłowy / błędny

corto / largo

krótki / długi

cálido / frío

ciepły / chłodny

viejo / joven

stary / młody

silencioso / ruidoso

cichy / głośny

áspero / suave

chropowaty / gładki

lento / rápido

powolny / szybki

guerra / paz

wojna / pokój

0

cero

zero

1

uno

jeden

2

dos

dwa

3

tres

trzy

4

cuatro

cztery

5

cinco

pięć

6

seis

sześć

7

siete

siedem

8

ocho

osiem

9

nueve

dziewięć

10

diez

dziesięć

11

once

jedenaście

12

doce

dwanaście

13

trece

trzynaście

14

catorce

czternaście

15

quince

piętnaście

16

dieciséis

szesnaście

17

diecisiete

siedemnaście

18

dieciocho

osiemnaście

19

diecinueve

dziewiętnaście

20

veinte

dwadzieścia

100

cien

sto

1.000

mil

tysiąc

1.000.000

millón

milion

inglés

Angielski

inglés americano

Angielski amerykański

chino mandarín

Chiński mandaryński

hindi

Hindi

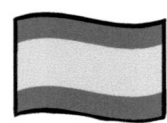

español

Hiszpański

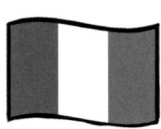

francés

Francuski

árabe

Arabski

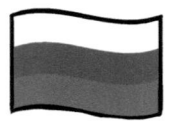

ruso

Rosyjski

portugués

Portugalski

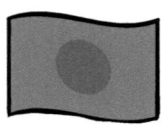

bengalí

Bengalski

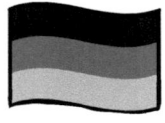

alemán

Niemiecki

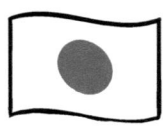

japonés

Japoński

yo

ja

tú

ty

él / ella / ello

on / ona / ono

nosotros/as

my

vosotros/as

wy

ellos/as

oni

¿quién?

kto?

¿qué?

co?

¿cómo?

jak?

¿dónde?

gdzie?

¿cuándo?

kiedy?

nombre

Nazwisko

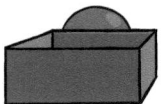

detrás
....
za

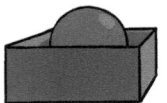

en
....
w

delante de
....
przed

por encima de
....
powyżej

sobre
....
na

debajo de
....
pod

junto a
....
obok

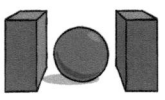

entre
....
między

lugar
....
Miejsce